DARKLOVE.

BRUTE
Copyright © Emily Skaja, 2019

Publicado mediante acordo com a Graywolf Press
e a Casanovas & Lynch Literary Agency.

Imagem de Capa © Walton Ford
Design da Capa © Mary Austin Speaker
Imagens de Miolo © Cactus Flowers: Mary Vaux
Walcott, © Wolf: John Woodhouse Audubon

Tradução para a língua portuguesa
© Luci Collin, 2024

Diretor Editorial
Christiano Menezes

Diretor Comercial
Chico de Assis

Diretor de Novos Negócios
Marcel Souto Maior

Diretor de Mkt e Operações
Mike Ribera

Diretora de Estratégia Editorial
Raquel Moritz

Gerente Comercial
Fernando Madeira

Gerente de Marca
Arthur Moraes

Gerente Editorial
Marcia Heloisa

Editora
Nilsen Silva

Adap. de Capa e Miolo
Retina 78

Coordenador de Arte
Eldon Oliveira

Coordenador de Diagramação
Sergio Chaves

Preparação e Revisão
Retina Conteúdo

Finalização
Roberto Geronimo

Impressão e Acabamento
Ipsis Gráfica

DADOS INTERNACIONAIS DE CATALOGAÇÃO NA PUBLICAÇÃO (CIP)
Jéssica de Oliveira Molinari CRB-8/9852

Skaja, Emily
  Feroz : poemas para corações dilacerados / Emily Skaja ; tradução de
Luci Collin. — Rio de Janeiro : DarkSide Books, 2024.
  96 p.

  ISBN: 978-65-5598-387-6
  Título original: Brute: Poems

  1. Poesia norte-americana I. Título II. Collin, Luci

24-1483   CDD 811

Índice para catálogo sistemático:
1. Poesia norte-americana

[2024]
Todos os direitos desta edição reservados à
DarkSide® *Entretenimento* LTDA.
Rua General Roca, 935/504 — Tijuca
20521-071 — Rio de Janeiro — RJ — Brasil
www.darksidebooks.com

Emily Skaja
FEROZ
Poemas para corações dilacerados

Tradução
LUCI COLLIN

DARKSIDE

SUMÁRIO
FEROZ

I. MINHA HISTÓRIA COMO

MINHA HISTÓRIA COMO 13

FORÇA BRUTA 15

É IMPOSSÍVEL IMPEDIR AS MARIPOSAS BRANCAS 16

INTERPRETEI A LUA INTEIRA 18

ELEGIA SEM UMA ÚNICA ÁRVORE QUE EU POSSA SALVAR 19

EM MARÇO, QUANDO ME DIZ QUE VOCÊ NÃO 20

[NA DERROTA EU FUI PERFEITA] 21

ELEGIA COM UM RIO MARROM-MERDA CORRENDO POR ELA 23

FILADÉLFIA 24

O BRUTO / BRUTO CORAÇÃO 26

II. SANTAS GAROTAS

SANTAS GAROTAS 31

QUERIDA KATIE 33

ELEGIA COM PENAS 35

QUERIDA RUTH 36

[NÃO ERA SOBRE AMOR] 37

ELEGIA COM SINTOMAS 39

INDICIAMENTO 40

CARTA A S, HOSPITAL 42

REGRAS PARA UM CORPO SAINDO DA ÁGUA 43

QUERIDA EMILY 45

III. CÍRCULO

CANÇÃO DA ALVORADA COM LIMITES 51

QUATRO FALCÕES 53

COMO CONSERTAR A ROSCA DA TORNEIRA QUE PINGA 55

ELEGIA COM FUMAÇA PRETA 56

[POR DIAS FIQUEI EM SILÊNCIO] 57

ELEGIA PARA R 58

[NOTÁVEL A NINHADA DE PÁSSAROS] 60

AUTORRETRATO COM FALCÃO & ARMADA 61

MARÇO É MARÇO 63

GRATA QUANDO SOU UM MACHADO 65

IV. PAISAGEM LUMINOSA

NÃO, NÃO QUERO ME CONECTAR A VOCÊ NO LINKEDIN 69

CLAVE 72

BRUTA FORÇA 74

ELEGIA COM SOLIDARIEDADE 75

CANÇÃO DA ALVORADA COM ATENÇÃO À COMPAIXÃO 76

FIGURA DE MULHER SAINDO DE UMA PAREDE 81

ELEGIA COM COELHOS 83

[EURÍDICE] 84

AGRADECIMENTOS 89

SOBRE A AUTORA 93

às mulheres na minha vida
& à qualquer pessoa suscetível a voar

I

FEROZ

MINHA HISTÓRIA COMO

Você relembra demais,
minha mãe me disse há pouco.

Por que agarrar tudo? E eu disse,
Onde posso descarregar isso?

— ANNE CARSON

MINHA HISTÓRIA COMO

Na minha história, eu era ossos comendo papel
        ou era papel comendo ossos. Semântica.

Eu morava numa casa apertada;
        vivia com um homem que disse

Você fodeu com a tua própria vida, que disse
        Eu nunca poderia amar alguém tão difícil.

O lugar era tijolo sobre tijolo
        com grades de ferro cobrindo as janelas —

jaula geminada, South Philly. Eu aprendia que
        alguns de nós fomos feitos pra ser aves carniceiras

& alguns de nós somos feitos pra ser os rodeados.
        Nalgum ponto dessa instrução

Parei de comer. Ergui as mãos
        pra ver se meus ossos brilhariam no escuro.

O nome do meu barco poderia ter sido
        HMS *Flutuante, Embora Mal.*

Enquanto isso, tive uma paixão por cartografia.
        Não partindo, só colorindo os mapas.

Cobri todas as paredes com tinta branca, mais branca, perdendo o
controle —
        um sistema meteorológico ondulando sobre a água.

Sempre desenhei a rosa dos ventos plana.
        eu era azul-metal e escoava minha boca

como o registro duma banheira. Um osso descarnado de partículas.
Tudo tem alguma ciência particular.

Por sua natureza, um abutre não pode
ser um simples corvo de campo, por exemplo.

Olhe para as asas, olhe para aquela boca
tesa, olhe para as patas.

Quando conto minha história, não posso deixar de fora
como soquei o queixo daquele cara,

que eu não era boa em compaixão,
que não comer nada além de pílulas brancas & ar branco

tornou-me uma incógnita —
não posso pular pro final só pra dizer

bem era frágil & eu quebrei tudo
& tudo acabou, bem agora conheço coisas

que me tornam improvável;
O que esperam que eu diga: sou livre?

Aprendi a rebater como uma borda rasgada
desgastada pela umidade. Foi assim que larguei tudo.

Saindo do rio, deixando
rastros molhados como flechas no mato.

FORÇA BRUTA

Soldada por uma causa perdida, mulher bruta e muda
escrita a partir da minha própria história, tenho tentado
lançar a luz dum holofote sobre os pântanos & as cinzas parasitas
de volta ao meu começo, aquela infância —
pedaços da pipa escurecidos por salvas de tiros e melros
desenterrando lá em baixo das nogueiras
todas aquelas belas manhãs de agosto tão temporárias
tão aneladas de ouro pela névoa de calor & cadê aquela garota bruxa
sem medo de nada, ratinha de quintal crivada de pulgas, nanica
sem ninhada, rainha, garota que não deixava garoto bater nela,
recusando-se a ser o "peguei" no pega-pega, pondo a pele de raposa
pesada ao seu redor como uma bandeira? Deixe-me olhar para ela.
Diga a ela que, palavra de honra, vou tacar fogo no vestido de noiva
quando eu estiver bem & pronta ou ela pode me enterrar nele.

É IMPOSSÍVEL IMPEDIR
AS MARIPOSAS BRANCAS

de voarem para fora da minha boca.

Tenho 25 anos. Pinto a porta de azul. Entro quando ele me diz
        pra ficar lá fora. Ao lado de um *outdoor*

na Filadélfia que diz *Sua Mensagem Aqui,*
        sou costurada num vestido. Na Broad Street, corvos

espreitam no Hotel Divine Lorraine como se dissessem
        Sempre uma flor-cadáver, nunca uma noiva.

Olhando pro sul, posso me desculpar
        por qualquer coisa. Minha voz é grossa — um véu de sinos.

Mas será que ouvirei. O que ouço no escuro
        é meu próprio sangue me perseguindo

como um garoto bêbado louco por gim barato
        balançando seu martelo

para pregar uma andorinha rente à porta dum celeiro.
       Um pássaro é um vaso. Ele carrega um campo.

Há noites em que durmo no sofá
       & de um baú de enxoval puxo a renda de macramê até o rosto.

Lá fora, um adolescente atira num adolescente atira num adolescente.
       Os policiais vêm para medir a rua.

Eles me perguntam O *que você víu?* Eu vi um buraco em todo o quadro.
       Quando ele chega em casa tarde, de sua briga no bar,

Enrolo firme um trapo frio em seus dedos. Acho que posso amar alguém
       que se importa o suficiente pra se machucar por mim.

Ele passa o polegar no canto da minha boca,
       afasta meu lábio para contemplar os meus dentes.

INTERPRETEI A LUA INTEIRA

Em março quebro um ovo crente que um pássaro sairá a voar duvidando
da ciência. Todos os manuais me dizem que isso é um contrato lógico.
Você se compromete com uma casca & acaba voando. Legal.
Pedra após pedra, vou desfigurando o rio de estar apaixonada por você.
Juro, pouco importa como isso soa. Tenho uma lista
de casulos pra transformar meu corpo: Tremedeira
Incontrolável. Paralisia do Sono. Medo de Comer. Sou culpada
por fingir que as estradas pra sua casa já não são estradas
mas trilhas de veados, angulosas e tortas, pelo pântano. De novo a água
não para; chove mesmo quando o tempo está vencido: um sagrado
paralelo. Minha boca é podre & anônima. O leito precisa de remos.
Tenho interesse por poeira, mas só a poeira nova chegando sem marcas
depois que você partir. Depois que você partir, você parte &
tomada do lodo em que eu estava colada. Ego como espetáculo:
Gema Maravilha. Desave. Emily pilar de túmulo, lambida de sal, represada
luminosa nas linhas. Eu interpretei o ciclo completo da
lua; ele não explica as rachaduras. Mercúrio desta vez
não pode ser culpado. Meus pratos flutuam no sabão feito planetinhas.
Deixo cair minhas mãos na pia. Elas surgem emplumadas.

ELEGIA SEM UMA ÚNICA ÁRVORE QUE EU POSSA SALVAR

Passei a noite toda imóvel na floresta perto de Necedah com seu nome gravado em vermelho na minha língua como a asa de um acer negundo. A perda de vida ocorreu em uma hora específica, um certo dia, nos contaram. Ninguém estava com você — como isso pesa em mim. Que não tem como haver o desfazer da árvore de volta à sua semente. Inocente de todas as acusações. Concedido apenas um indulto. Teria havido alguém mais falsa do que eu, fingindo saber qual é um pinheiro branco contra estrelas brancas? Eu não deveria me lembrar qual dessas é a árvore na qual você subiu, de qual dessas você teve muito medo de descer? Acho que você foi a primeira pessoa a dizer *Cassiopeia* pra mim. Jovens como éramos, não conseguiríamos carregar uma escada até aqui sem ajuda. Sozinha, observo a água se mover agora como um relógio que alguém está dando corda com uma faca. Estou faminta por essa taxonomia fácil de Coisas Antes. Pelos anos, improvável, serem dissecados com uma tesoura só para que se encontre prova da doença. Desde então, enrolar de cabelo preto, lá dos pulmões de cada mês. Você se foi e eu coleciono pele de raposa sozinha em todas as direções. Você se foi e eu nomeio as árvores erroneamente.

EM MARÇO, QUANDO ME DIZ QUE VOCÊ NÃO

Ando em linha reta como uma bússola apontada errado pro norte.
Alta Sacerdotisa do Não-Muito. Chefe Doloroso. E foda-se tudo —
Tudo isso. Despercebido, clemente.
                             Sendo aquela a qual — sendo aquela que —
tenho o problema de ter que dizer minha história desde-o-berço a um corpo
de água — pro rio, pra sarjeta, pro bueiro rubro & apressado
com folhas na água suja a caminho do seu apartamento talvez
eu devesse desistir da história de que o que digo pode mudar isso
apesar de um pró, um contra sua covardia
apesar da rasgada luz de meados do inverno, branco úmido & sem olhos
& sei que eu deveria voar até os pássaros — sei que deveria circular alto
até meus braços ficarem com câimbras, mas será que posso ver você
claramente ou não, de qualquer altura sei como
ver você, vejo, eu quero, mas eu não & não posso
encontrar você numa noite de março sem lua na colina onde sei que você
saiu pra andar devagar pela fila das árvores com seu cachorro.
Me diz   se posso fazer a não-lua interceder —
Se posso vir pro sul como uma figura vestindo estorninhos como casaco
Se eu posso ser Se eu posso ser Se eu posso ser
um túnel folheado ou ramificado ou —
                   Se eu posso ser Se eu posso ser Se eu posso ser

[NA DERROTA EU FUI PERFEITA]

Na derrota eu fui perfeita
        o esplendor & a sujeira em mim irresistíveis

Paisagem brilhante com o céu escurecido

        Espetáculo   eu amarrada no varal bêbado
Em minha defesa   cada coisa verde arrogante
        florescendo contra a minha diretiva

Relembro   a luz estava me pressionando contra mim mesma
        as árvores estavam cheias de insetos

pássaros escuros sombreavam a rua

        Eu circulando vermelho ávido & estreito não
me arrastando pela lama

        como o Magalhães de qualquer coisa prometida

Ele estava partindo em flechas   ele foi embora
        numa mentira descarada   eu disse *Me acolha*

Considere tudo considerando o futuro

        eu tinha lançado a órbita
Tinha um caminhão com caixas bem empilhadas

        Ele tinha uma voz rachada que escondeu de mim

Será isso desistir se você dá o que você tem
             & o universo ainda fode você

Agora não já não consigo imaginar o rosto dele   apenas se vai

        Lembro que eu estava desesperada pra falar
pra expor a linguagem certa

        Entender que ele seguiu retornando pra mim

& retornando Ele disse *eu nem sempre*
         amei você   Ele disse *Não queria lhe dizer*

pra esperar por mim   (Mas espere por mim)

ELEGIA COM UM RIO MARROM-MERDA CORRENDO POR ELA

Nunca jamais deixei ninguém me esfolar viva por causa dos meus segredos. Eu me torno fiel à semente. Desconhecedora das tradições de boa pontaria. De quem é a perdiz. De quem sou a perdiz depois que caio. Nesse campo de feno não digo nada às vespas. Admiro suas casinhas de barro. Penso somente em listas. A Vez em que Eu Disse pra Você Parar de Fumar. A Vez em que Acreditei que Você Viveria mais do que Dezessete Anos. Quando penso em todas as maneiras que existem de morrer. De gelo que cai. Num vestiário. Com um galão de etanol velho nas tripas. Fico tonta. Sinto falta do seu jeito de piscar pra mim no sol. Passagens de ônibus vazam dos meus bolsos. Perto do rio deixo cair um galho de árvore em forma de tíbia. No centro da minha mão tem um buraco. Estou acostumada com isso. Claro que há gritos. Não há nada que eu possa deixar pra trás a não ser caçadores bêbados observando rituais masculinos com gosto. Preferiria olhar para o rio através do círculo queimado da minha mão. Em algum lugar daqui tem um peixe com um anzol na boca — tenho certeza disso.

FILADÉLFIA

— cidade de calçadas quentes
　　　　　conhecida pelas calçadas quentes,
poças ferventes cravejadas
de seringas flutuantes, pipas de papel.
　　Uma ponte balançou sobre a água
　　　　　com objetivo, como um punho.

　　Todo o tempo ele estava tentando me mostrar
como ele era uma porta emperrada
　　atravessada por um olho mágico
　　　　　onde eu vi apenas
　　talhos de luz.
Bruta. Ele me trancou pra fora.
　　Andei pela Rua 3ª
　　　　　sempre pro norte.
　　O calor interminável do dia.
O suor rasgou minhas coxas.
　　As cerejeiras, me lembro,
　　　　　floresciam
　　vergonhosamente.
Era uma casa para a qual eu sempre
　　voltava.
　　　　　Eu não era delicada.
　　A porta era azul.
Foi então
　　que a palma da minha mão
　　　　　apresentou um ferimento vermelho
　　em forma de pássaro.
Um corvo iluminado. Inflamado.
　　Que cortante é
　　　　　ser imaturo.

Ser corda esfiapada
esvoaçando pra fora
do sincopado.
Tentativa tentada.
Só uma vez eu queria
bater & conter a pessoa
que poderia bater & conter
a mim.
Eu queria o hematoma
& a voz que se desculpava.
Um terror abrir mão do controle —
um terror nomear isso.
Havia uma garrafa.
Havia uma saída estrangulada.

O BRUTO / BRUTO CORAÇÃO

> Depois da Pensilvânia, eu não conseguia respirar.
> — LUCIE BROCK-BROIDO

Os fatos são: dirigi a noite toda pelas montanhas
pra ficar longe dele
cortei meus cartões de crédito pra provar que não o abandonaria
acordei no hospital
pra serra óssea / discussão da equipe de emergências /
     imobilização
as peças estavam desordenadas tinha vidro na minha cara
tentei engolir uma garrafa inteira tentei sair
sem entregar meu nome eu não estava perdida
Não dei nenhum endereço pra contato
Tinha um motivo pelo qual dei pro cachorro o nome de *Valor*

Se tivesse ficado em silêncio teria aprendido a virtude
de proteger minha boca pelo menos
eu estava indo pra casa
pra casa entre os cemitérios
pra brotação vermelha pros salgueiros
pros úmidos bosques densos de húmus
Eu amei & na minha ausência
a casa tinha sido demolida
para dar mais espaço
aos mortos

Fiquei lá respirando
Parecia como que
deslizar a mão pela sujeira solta olhando
pra gavinhas & bolsões de ar
É fácil ficar com raiva
sobre quanta esperança há
em chegar

A casa inteira se foi
& tantos pequenos monumentos
pra coisa errada

No quintal vazio
todas as minhas boas árvores
ainda enquadravam o oco
onde a casa tinha estado de pé
Na minha nova vida, tudo que reivindiquei
não senti que fosse *meu*
Com que facilidade eu poderia ser um rio dragado
um carro cinza içado do fundo pingando
Eu já estava numa corda que poderia ser erguida
pra fora do esconderijo & as evidências identificadas

Ele pegou o dinheiro disse que o deixei louco foi minha culpa
O que estava errado comigo como eu poderia pensar
que eu poderia partir será que eu era tão imbecil ele disse
que chamaria a policia
ele tacou meus móveis no fogo ele disse
que levaria meu cachorro pro canil se eu saísse
Gostaria de agora dizer que ele era só uma lista de queixas
Quem mais se esforçaria tanto por alguém tão inútil
é algum tipo de proposta de guerra
que não funciona mais pra mim

O que eu quero é uma figura permanente
quero um marcador aqui pra separar
O Tempo Antes de O Tempo Agora
Um anjo coberto de hera
para uma mulher sem nome conhecido & sem história conhecida
Um monumento pelo desaparecimento de X
pela abertura de um poço fundo no qual eu pisaria na água
pelo sangue a fluir
pelas árvores caírem
por 100 anos de inverno

FEROZ

SANTAS
GAROTAS

Avaliar o dano é um ato perigoso.

— CHERRÍE MORAGA

SANTAS GAROTAS

Ó SENHOR, quando o Anjo disse *Ouça*
quando o Anjo disse *Não caía na terra por ninguém*

já estávamos vitralizadas.

Um círculo de moscas pretas mordendo
nossa chegada. Escamas raspadas de um peixe.

Garotas famintas encerradas numa linha do Levítico.

Foi assim que aconteceu: um dia olhamos pra fora
& os corpos inchados das rãs fodiam o quintal.

Nossas mãos sangraram. Sangue do Rorschach em nossas feridas,

Pietà em gemas de ovo. Havia um baú de esperança & um limiar
& um noivo — revoltantemente pagão. Dissemos

Traz pra gente o comprovante do guarda-casaco pros olhos verem.

Nada foi tão mal pago quanto nossa atenção.
Se fantasma, se puta, se virgem — mesma história de origem:

porque X era um rosto adorável demais, Y era um cadáver no lago.

Nossas irmãs disseram *Espere* e nossas mães *Fique bem acordada.*
Sangramos nas roupas brancas — as suportamos rubramente

à mesa. Nossos pais disseram *Diga, você nunca vai*

me alimentar com algo que não seja seu próprio problema?
Jogamos pedras fora. Havia lugar na estalagem.

Havia tempo pra sermos vistas como bruxas.

Quando a noite chegou, uma lua-ovo deslizou sobre o campanário.
Olhamos fixo para a gema azul bocejando no fogo.

Pai Nosso. Que Estais no Céu.

Havia homens no beco. Nós os conhecíamos pelo nome.
Disseram que queriam provar que éramos santas.

Seu Anjo disse *Ouça* —

Não existem abutres o suficiente neste mundo, não há corvos

para disparar do céu em uma trepidante linha preta.

Por favor, temos tentado
dizer em voz alta as palavras para isso —

ver Você escrever isso em vermelho

na curva de um anzol. Tenha misericórdia —
Boca das Flores Venenosas: Fale.

Boca do Asfódelo — *Celebre isso*.

QUERIDA KATIE

Entenda que preciso desses fragmentos. Dizer uma vez não basta.
      Tenho um cento de objetos sacros, tudo visto, para quebrar.

O tempo passará, o tempo me passará, pondo ameaças de marcador de milha

      em cada via. Inútil, sei. Uso todos os delineadores que tenho.
Desenho a forma — um olho diferente pra ver isso. Mapeio o puro derrame de

cor pro meu ouvido. Vê, já sou meia esmeralda. Acesa &
            reduzida, estou

cortada. Agora que não consigo desfazer as linhas de jeito nenhum,
sou difícil.
      Ele pega o caminho elevado; eu pego a cerca de espinhos.

Katie, não consigo achar um modo de falar sobre isso

      mas sempre isso: sou sem moral com os caras na minha vida.
Você é a única que sempre me pergunta *Você está comendo?*

      Chegue perto, bem perto, cai fora — é um sistema de fio cego

& quando comecei a escolher esse tipo de homem que adora me "proteger"
      dele mesmo? Ultimamente, retenho seu nome na boca

como um talismã porque nunca temos medo das mesmas coisas.

      Feito o cão morto que vimos na via da ponte. *Coíote*, eu disse.
Criada perto de um cemitério, sempre acho que tenho alguma autoridade

      os que partiram. Magia vaga. Mentiras sobre o mundo natural

me confortam, admito. Como se uma árvore sentisse algo quando
outra está fodendo a vida dela. Creio em padrões. Formas.

Pinulado, espiral. Relembro das portas sanfonadas do trem da Linha Azul

& de como me cuspiu pra fora bêbada na plataforma O'Hare
chorando porque não tinha certeza se tinha batido nele ou se só
desejara isso.

Tentava me privar por um sentimento. Sinais & cronogramas.

*& se o trem sair do túnel antes de eu contar até dez
então não sou a coisa mais fodida.* & se não, então quando.

Minha própria boca sangrando é um bom número redondo.

No seu sofá adormeço com vômito no cabelo & sonho
que estou presa em uma torre de água. *Katie*, acordo dizendo.

ELEGIA COM PENAS

Quando você se vai pressiono a mão no fogão só uma vez. Manchas de bolhas peroladas na minha palma. Tenho bom senso suficiente para vestir o casaco. No barco me chamam de Rubra. Pego todas as outras frases de um livro de elocução. Uso uma gola alta que roça no meu rosto e na chuva deixa um arranhão em relevo como um talho. Finjo não saber porque você se foi, finjo que não há a mesma doença dentro de mim. Tento explicar sobre a maldição para a qual a cura não é considerada. No quarto dia, notas sobre um desastre incluem água & água. Um homem no barco me segue o dia todo, *só uma pergunta, então vou deixar você sozinha*. Não há lugar para onde uma garota possa ir em que um homem como esse não tenha perguntas. Uma troca que ele julga devida. Há um buraco na luva dele & a pele por baixo está em carne viva. Uma chaleira ferve ao vento. *Me ajude*. De joelhos peço para ser transformada em uma gaivota. Eu mudo para branco acetinado, penas.

QUERIDA RUTH

Qualquer um pode ser um pássaro boca-de-prancha ou pode ser o céu aleluia
é a mentira aceita dos hinos. Como uma garota andando nunca precisou voar

mas poderia. Se alada & as asas servissem — se funcionassem, se sentidas.
Qual é a diferença entre perguntar & pedir são as palavras

que deveríamos queimar em um campo, *Ah Glória.* Se você está perdido
ou se você é o pássaro mais loiro encostado em uma cerca

cercando um pomar, Ruth, você é a coisa sagrada que eu espero.
Então me explique sobre os hábitos das cigarras, por que só os homens

falam, por que alguns deles demoram 17 anos para virem certeiros.
Todas as folhas são comidas nuas; porém a árvore não está vazia, sabemos

por experiência — *Eclesiastes.* Me ajude a entender, me ajude a reverter
as histórias dos peregrinos. Faça-as sair de suas catacumbas

duplicadas com propósito — sangrentas, crentes — & mande-as pra guerra
por suas rainhas garotas. Guerra por suas filhas aleluia

como não era no princípio não é agora & nunca será mundo sem fim. Ah mas Deus
meu Deus *Amém.*

[NÃO ERA SOBRE AMOR]

Não era sobre amor   que eu fazia um discurso

    eu dizia *Isso é sobre violência*

Supere o amor, claro   Paisagem luminosa

    Era uma casa que caiu   eu caí em mim

Não me via no fundo acordei no chão sujo do porão tinha novos membros

    Novos gestos inadequados de sofrimento   Coisa quimérica

Alcance desfocado   procurando asas

    boca de pelicano   não cheia mas cheia de ódio

Você descreveria esse som como um lamento?

    eu falava   disse *já não quero sobreviver a essa história*

Explicaram pra mim que eu estava em perigo

        Alguém estava ouvindo

Se você disser X então teremos que contar a alguém

    eu estava falando   eu não disse X

eu disse sim a uma garrafa eu disse sim

    à corda das minhas próprias mãos

a um corpo a um corpo

eu era só   eu era só

Um corpo só com seu próprio sangue   azul

em seu esparadrapo

ELEGIA COM SINTOMAS

Sob manto de escuridão, considero as alternativas. Água alta. Pelotão de fuzilamento. Enfermaria. Estou com raiva de você por não me deixar nenhum método específico. Por favor, note que não estou desistindo embora na estrada do penhasco. O que acontece com uma mulher aos 19 aos 25 aos 29 pode torná-la suscetível a voar. Primeiro, os arames caem dos meus dedos. Em seguida, estou aprendendo os nomes das partes de um sino. Ovos quebram. Uma linha de giz sobe disparada pelo meu braço. Aqui estou como uma curva fechada. Aqui estou como cianeto guardado em uma semente de maçã. Estou à procura de flechas perdidas. Tribos de garotas do interior. Para escamas caírem dos olhos de qualquer coisa, qualquer coisa. *Por favor*. Aprendi como a chuva apodrece grossa em um barril. Dados os textos relevantes, sou perigosa. Ao meu redor, morcegos pretos mergulham no escuro. Eu estive errada, estive tentando arrancar as tábuas dessas janelas. Guardo a caixa na qual cheguei. Guardo meu sangue errado — olhe pra isto cipó pelo meu pulso como uma marca.

INDICIAMENTO

Eu não lhe disse & não lhe disse Emily

     não lutar pelo evangelho do erro

não remar até onde vai o rio

     não levantar os braços como um pássaro de cera

como se você fosse livre, como se você fosse tudo

     caindo? Você cai como se fosse sua culpa,

como se soubesse respirar

     sob milefólios & juncos. Você parece

como se já estivesse se afogando

     no ar. Você não sabe

& você não sabe & não é Emily

     a forma disso? Uma corda trançada

torna-se uma escada que você pode subir

     em direção a um buraco. Debaixo de

de todo padrão está uma lógica

     é seu privilégio ignorar

& é seu o sentido do sonho seu é o apagamento

Olá você

é barco entre barcos.

Segure suas asas como os remos de um bote.

Não me diga que o sol é uma saída

o céu é uma braçadeira.

CARTA A S, HOSPITAL

Será que é preciso ter febre para reconhecer uma febre
Será que você não pode amar um homem

Contra sua vontade & escapar
Sem um arranhão

Diga-me quando é que eu soube
Que eu era vapor opaco   luz rouca

Será que vagava úmida da neblina entre uma fila de pinheiros
Perdoe-me eu estive doente

Cansada demais
De me encaixar

Queria manter a boca fechada
Lealmente

Queria meninice circulando ao meu redor
Como um casaco

Você disse *Você deveria se desculpar* eu devia ter
Desejado ser salva

Pra piorar precisava descascar minha própria tinta
Miranda minha própria prisão

REGRAS PARA UM CORPO SAINDO DA ÁGUA

Em uma história, uma menina é uma árvore / é uma ave / é uma selva.
    Uma garota acorda debaixo d'água, unha por unha se constrói

a mesma jangada, come as amoras & os mirtilos
    colocados na armadilha & ela escapa dele

de algum jeito, o preço é um pedaço de si mesma.
    Comprometida pelo anseio & buscando a linguagem

para observar as diferenças no mapa: os abetos pontiagudos
    inclinados contra a lua desta vez

& a água semi-iluminada, estrelada — mas não faz diferença
    no relato. A história é conhecida

& lhe foi dito o que ela pode esperar dos homens.
    Porque o corpo é incorreto. O corpo é frágil

em piche & barbante, pele escrita com vergonha
    como um registro de queima de bruxas. Então o corpo é teimoso:

o cerne quebradiço de um pulmão vacila, as madeiras se abrem.
    Ar, ar sujo. Quando os dedos alcançam a junça raposa, agarram

os juncos, o ar sobe para encontrá-la no gramado.
    Então o corpo é inventário — desvio.

Mecha de cabelo como uma raiz enrolada em si mesma.
    O cabelo dela é corda de zimbro.

Pergunto: como pode ela chegar no início desse lugar?
    Rio azul sem nome, céu vazio, sem sentido

código de musgo — se ela viaja pro norte agora,
    norte verdadeiro, norte para quê?

Posso dizer *nossa voz é uma voz queimada*
    mas ela não sabe o caminho de volta

depois que os pombos comeram as palavras
    passei na farinha & deixei crescer.

QUERIDA EMILY

Fácil renegar a garota que você foi
aos 23: penugem cinza-pomba

    & nupcial, olhos pra cima, rígidas garras de pássaro
rosa no braço bruto

    do seu primeiro naufrágio,
sua lição original

    ao deixar um fogo
queimando até as cinzas.

    Com ele você arrelagou os olhos,
corte-cego — uma garota de lata

    sulcada & perfeita,
flora bocejante,

    toda histeria
de vinagre & salmoura.

    Então você sonhou
que ele afogou

    você. Você sonhou com mofo
azul de inundação,

    as armadilhas que ele armou
de laço.

    Você esperou ser aclamado
uma praga de tanta pretensão

para fisgar a boca dele
antes de você dar um tapa nele,

antes que ele lhe dissesse
foi você a única

que arruinou sua vida.
Você sabia

todas as razões,
os chumbos de pesca, os pássaros

presos nas janelas,
suas mãos descascando ferrugem —

garota de lata apertando o que,
segurando o que

para esconder sua nudez?
Desista dela agora, aquela garota

que não pode ser você,
que não pode ser ninguém

jogada sobre a cama dele
como um lençol.

FEROZ

CÍRCULO

Toda mulher adora um Fascista,
A bota na cara, o bruto
Bruto coração de um bruto como você.

— SYLVIA PLATH

CANÇÃO DA ALVORADA COM LIMITES

Você acha que pode escolher se lembrar da nossa história
   como quiser. Que pode levantar sua bandeira

 & dizer *Amor Real Perdido* & estamos quites.

Até o uísque, até o sal que lambemos da mesa
   não restituirá nossos papéis de procura-se e procurado.

  Numa discussão, é melhor estar bêbado do que estar certo.

Quando você gritou comigo *Você não sabe tudo sobre mim*
   a neve derretia nos meus cabelos;

  estávamos totalmente bêbados num banheiro feminino.

O marcador preto sob o espelho me ordenou
   DESFODA SUA VIDA DE FUNDO DE POÇO.

  Eu não conseguia parar de secar as mãos. Dizia *sinto muito*

mas minha boca era obcecada pela palavra *precedente*.
   Cedo as meninas aprendem esse: *Permitir dá permissão*.

  Quantos instrumentos de remorso devo usar contra

eu mesma? Degradação, filho da puta,
   é a introdução de um machucado na coxa.

  Agora aprendi a dizer *relembre* como se a memória não fosse

o eixo sobre o qual o mundo gira
   & o lixo interplanetário não estivesse, tipo, só à deriva.

Voltar & voltar & voltar ao começo é inútil.

Não consigo lembrar dos produtos químicos pra sufocar baratas
& as baratas estão por toda parte.

A luz laranja desliza sobre a rede férrea

onde observo os trabalhadores circundando os trilhos.
Eles substituem um vagão vazio por outro.

QUATRO FALCÕES

circundam a mesma milha de Indiana onde me forço a observar

cada veado morto na estrada, como se isso me escorasse, como se eu cresse
que isso me protegerá de perder alguma coisa boa.

não consigo parar de sonhar que escondo

minhas próprias pegadas na neve, convencida de que
minha boca é uma armadilha de metal, parte dela, separada

de você, & quando você me acorda
é porque estou forrando meu corpo com carrapichos,

porque sou chifres & garras & sei que

o cheiro de cedro é lar, é um anel de céu
que amo, mas não aguento quando

você diz Só veados, só falcões.

Por que não há nada selvagem em você
pra explicar isso, nada esmagador; por que

eu sou a coisa perseguida horrorizada
a ultrapassar a mim mesma no mato me pergunto &

se um veado disparar por esta estrada & os mortos não
o pegarem, será que os mortos esperam, será que não sei,

será que os mortos não cobiçam sempre algo que corre?

Conto corpos como os dias frios de março.

Dez, onze, doze — & você
com o mapa desdobrado, seguindo o céu.

Eu me pergunto se você & eu somos membros idênticos
de algo que corre.

Se você & eu circundamos.

COMO CONSERTAR A ROSCA DA TORNEIRA QUE PINGA

Você está no Nepal, talvez sonhando com astronautas.

A cada manhã, uma teia de aranha no alto da porta, mas não pressagio nada.
Eu me recuso a tecer. Não sou Penélope.

Não vou enforcar todas as serviçais, por exemplo; é antifeminista.
Mas vou me deitar aqui com o rosto colado ao chão. *Penélope, legal.*
Servindo um pouco de uísque pra sereias & porcos.

Da banheira eu regerei bêbada uma orquestra
de nebulosas maçantes. Conduzindo as escalas
maior-menor menor-menor.

Observamos a lua em intervalos opostos.

A essa altura você já viu minha constelação, a mandíbula dum lobo.
Você diria que as estrelas estão pegando fogo de saudade?
Cada dente está lá — minha mente correta costurada.

Ou então a lua está presa com fita adesiva pro solstício. Vírgula
como vai você. Considerando as sanguessugas.

Não acho que alguém estivesse esperando uma superlua pra voar.
Por exemplo, uma pessoa não sabe
se render à ausência de espaço & a gravidade

nos chama. A lua está parada & a noite é bifurcada
quando tiro momentos diretamente da torneira.

& eu sei, entendo — estou contando as velas do navio
esburacadas por traças. Sei sobre afogamento, tudo bem.

Minha mente é um osso da sorte secando. Eu o seguro & puxo para quebrar

ELEGIA COM FUMAÇA PRETA

Três notas: longa, longa, curta — sua ligação pra mim. Em um prisma de luz eu ando pra trás. Vejo uma casa virar um touro virar uma casa. Eu me agito, estremecendo. Eu me agarro aos fatos. Você está morto há dezoito anos. A casa foi demolida pra se tornar o cemitério. Um cara na estrada do moinho me para pra ver meus documentos. Não digo *Acordei num lago vermelho & meus braços são feitos de ímãs*. Cidades inteiras me seguem pro sul. Não consigo evitar isso; eu as arrasto atrás de mim. Quando não tomo cuidado, aparecem vermes na estrada & desperdiço uma tempestade inteira soluçando. Não conto a ninguém as palavras-código grudadas no meu casaco. Sem você, todos os provérbios estão pela metade na minha boca. *Onde há fumaça há*. Onde há fumaça.

[POR DIAS FIQUEI EM SILÊNCIO]

Por dias fiquei em silêncio—— Se ele tivesse me ligado eu teria voltado
　　apesar das promessas que fiz a mim mesma——

Mas tinha que haver um movimento de retirada—— Essas eram as
regras——
　　Antes de eu estar pronta—— Ninguém entra & me deixa ilesa

Rebeca disse *Nunca deixe ninguém dizer como lidar com a tua dor*——
　　Havia sangue sob minhas unhas—— *Teu sangue* ela explicou

Eu não reprimia nada—— Até o não contaminado—— Naquela época
tive um
　　pesadelo recorrente—— Gafanhotos mortos sob os pés——

Um caixão brotando vazio—— Pendurado lá—— Virando raiz de
carvalho——
　　Qual foi a natureza da ameaça que ele fez com você

Planeta sem nome—— Diga-me ——
　　Em que ponto eu teria sido crível——

Não deixá-lo entrar em casa—— Não retrucar as palavras
　　dele—— Uma a uma seguindo um padrão——

Quando foi que passei por tudo isso—— Eu queria perguntar——
　　Quando estou toda-viva desamarrada dele——

Serei obrigada—— *A arrastar pro sol & deixar secar*
　　o sangue que perdi—— *De cada estranhamento*—— Serei?

Ali estou eu—— Retratada com o rosto obscurecido
　　Paisagem radiante—— Os braços sangrando fora da foto——

ELEGIA PARA R

Invento um modo
de falar com você.
Pra explicar

o jeito que foi —
feito 50 acres
queimando.

Abeto, pinheiro,
pinho. Tudo
cinzas.

E como cavamos valas
a noite toda
para salvá-los.

Se não acredito que
existe um espaço
na nuvem coletivo

acredito
que há algo
nas árvores

& aprendi que a dor
não poupa nada —
bordo, cedro, cicuta

fosso preto
com fogo na árvore
cinzárvore quedárvore —

nossas bocas
cheias de lodo,
o bosque

alto
com que caos
sobreviveu a isso.

É o primeiro ano
você está morto há mais tempo
do que esteve

vivo. O que
você diria
sobre isso?

Eu tinha 10 anos —
procurei *suicídio*
no dicionário —

eu não sabia
de nada. Sem
você, ficamos

pesados, divididos.
Nos ajoelhamos
na lama

onde as raízes
estavam suspensas
na água.

[NOTÁVEL A NINHADA DE PÁSSAROS]

Notável a ninhada de pássaros retirada da cidade a cada manhã
Aqueles que voaram em direção ao céu no reflexo do vidro
Morto ou aturdido sempre penso que, se desse, não viveria minha vida
de novo
Eu só tenho este coração ok eu queimei quase virei cinzas na primeira
tentativa
De cara disseram que eu era uma oradora forte & quando & como de-
veria falar
É fato que fiz uma festa da minha miséria convidei todo mundo a gan-
gue toda
Comemos apenas flores era minha miséria afinal eu tinha 29 anos
Escaparia por pouco de me tornar Juliana de Norwich
No fim segura perguntei pra Katie É antifeminista passar fome por
um carinha?
A resposta dela foi gentil *E se revisarmos o foco dessa pergunta*
Logo estávamos comendo peônias & lilases com abelhas dentro
Todos esses casamentos surgiram pra me ver fazer meu discurso
Enchi minha boca com abelhas tentei falar através das abelhas
Gente se vamos falar de amor por favor temos que falar de violência
Fui picada minha língua inchou eu cuspia abelhas esmagadas
Uma equipe especial veio varrê-las antes que alguém pudesse ver

AUTORRETRATO COM FALCÃO & ARMADA

Ah falcão após falcão sobre Indiana —
      será que me observam
acabar na cama depois de soluçar na cama branca,
      lavando todos os pratos

menos aquele que a boca dele tocou,
      enterrando minha dor
no quintal úmido do degelo,
      transformando lama em água milagrosa?

O que você veio aqui coletar?
      A primavera, vejo, está em pleno vigor
recebendo relva-juncos-rio-selvagem-
      bétula-enchente-planícies & até pintarroxos

são compelidos pela maneira como *isso*
      liberou do inferno *aquele* coração dilacerado.
Lento. Estou trazendo isso com o Eclesiastes.
      Um tempo para um tempo para um tempo.

Sim, falcão, o inverno foi decepcionante,
      mas deixamos restos.
Os besouros chegaram como gafanhotos tosquiados
      derramando o que relembro

do verão quando as árvores zumbiam com asas & conchas
      as folhas vivas / vivas
isso deixa o problema de relembrar
      sem apagá-lo —

pois durante todo o março senti a água subindo
      & mensurei o que eu sabia.

Ah falcão, qual é o seu dano —
        será que está aqui pra catar os ossos

dos anos que desperdicei
            como se eu nunca tivesse amado nada? Assim seja.
Vejo os besouros marchando pelo linóleo
        & eu os deixei.

Não dá pra alimentar a máquina de serragem com árvores jovens
            não consigo drenar a sujeira das minhas unhas
mas posso ficar aqui recitando todas as palavras que tenho
        sobre o oco & isso é o que resta —

Feito com toda a escuridão
            & o canto fúnebre do inseto
sob lâmpadas azuladas.
        Feito tentando relembrar

Junho, primeiras estrelas & agosto
            quando eu era Penélope
quando eu era Eurídice
        quando julho desapareceu

& eu era minha própria sombra opaca.
        Ouça-me, não escondo nada —
estou nadando pra encontrar os barcos
        vindo armados rio acima

& gostaria que ele estivesse assistindo
            através duma névoa preto-chumbo.
Eu sabia de cor seu livro de partidas.
        Achei que o conhecia.

MARÇO É MARÇO

Seguimos em frente. Sigo zanzando com o olhar
em um mapa do Lago Michigan, azul lá

tão lógico quanto em qualquer outro lugar. Quando ele sai paro

de lavar os copos; paro de limpar o chão.
Não tenho paciência para identificar se a sujeira é diferente

na nuança de sua ausência, se a quantidade é menor,

se ela tem uma voz mais grave, um mais articulado
senso de si, tornado mundano no sofrimento.

A água espreita no ralo como se estivesse pasma.

Minha mãe diz *Por que não namora a si mesma por um tempo.*
Assim, ouço todos os sete Harry Potters.

Faço longas caminhadas em círculo & insulto Scalia no facebook

porque estou tentando me persuadir & esses são meus interesses.
O rádio é um pau pra mim. Canções pop são farpadas com revelações

que fazem as pessoas que ouvem essas canções voltarem

com o coração mudado. *Rihanna*, tuíto. *Preciso que você fique bem
& não fique bem ao mesmo tempo que eu, juntos num ciclo.*

Adoto uma cadela que mantenho como minha sombra.

Toda manhã ela chora quando saio & penso *Finalmente alguém entendeu.*
Eu me forço a demorar como uma pílula que para minha pulsação
mas só por um minuto. O tempo se acumula lá por 4h30, se recusa a andar.

Deixo a cadela sozinha por uma hora & ela mastiga
a caminha, um cobertor azul, a porta da gaiola

& eu digo *Você não pode mais fazer isso* —

& eu digo *O que será que devo fazer* —
& eu digo *Você não entende*

Preciso deixar você sozinha TODOS OS DIAS *preciso sair.*

GRATA QUANDO SOU UM MACHADO

Eu era uma lista incidente chuvoso machado & um pacto com o contágio.
Autobiografia: *temporal   tempestade   tornado   novembro.*

Sim, todos os estágios principais são reproduzidos em código.

À esquerda, um campo emocional.
                                        À direita, que saco, alguns circuitos.

Lembra quando eu era um jovem machado
fazendo uma promessa atrás da outra pras árvores jovens?

Discurso que deixa boiando no modo hipótese. Bravata. Dica pra queda.

Quando me deitei no chão com ele & disse
                        Uma relação não finda com uma pessoa fugindo.

Não estou prestes a morrer livremente embalada entre os carvalhos.
Junto há a queima de clorofila faminta pelo escuro. Diga a ele pra me

escolher. Se eu disser medula, se eu disser presa.
Se amo cedro & cardo & curva, vou manter tudo tão quieto.

Novembro é entalhe de madeira, sujeira congelada, chuva.
                                Trabalho pra luz. Sangro por leveza.

Sociedade da machadinha indígena, defendo meu discurso sobre
a natureza dos segredos.   Caso o meu com um jugo.

Quero saber se dois anos são a medida.
São a medida de quê.   Corte uma vez.

                                Se uma pilha de lenha infere quando tentilhão.
Se o escuro se o escuro se o escuro.
                                Grata por duvidar de mim assim balancei forte.

IV

FEROZ

PAISAGEM LUMINOSA

o inferno deve romper antes que eu me perca;
antes que eu me perca,
o inferno deve abrir como uma rosa vermelha
para os mortos passarem.

— H. D.

NÃO, NÃO QUERO ME CONECTAR
A VOCÊ NO LINKEDIN

De todos os fracassados prodígios do terror em todo o Submundo —
preciso que você em especial fique longe da porra do meu iPhone.

Então você ainda reina na biqueira barata na Av. Cat Piss,

ainda preso àquela hora em que não deixei mais você ser minha queridíssima
ameaça? Se enxergue. Tão bravo que iria @ qualquer coisa.

Me querer humilhada, banida. kkk, odiar mulher. Você *tentou*.

Nos anos desde que por último tive fome, rendida à sua sedução precipitada,
mantive a lua todas as noites à minha própria maneira,

ouvindo, sem esquecer dela lá. Bruxariazinha.

E a propósito, sua merda não é um segredo. Isso aqui é território de garota.
Acredite quando digo que sabemos *tudo sobre* seu tipo em nossa classificação.

Vocês filhos da puta facilitam — usam a mesma cara de merda.

Rude até o talo, você perdeu minha cena de vitória. Usei renda azul
& baba de lobo, cantei canções de tochas, ondas me levaram à copa das árvores.

A lua me conhecia. Ficou comigo. *Uí*, pensei & mostrei o dedo pra você.

Um dia, acordei com uma tamanha força, vi seu nome debandar
direto do idioma. Você sentiu isso?

Como está garota poeira? Naufrágio? Esterco de osso? *Espectro?*

Só em outra vida é que eu poderia ser condenada
de volta ao inferno pro seu meio-olhar, que eu era

sempre sua noiva rejeitada, esperando ansiosa

Cheia de laquê descendo um campo agrícola pela interestadual
sob um maldito caramanchão de salgueiro, olhos fundos

numa multidão de incontáveis bêbados.

Uma vez você pensou em me deixar com medo, considerando
o que aquilo poderia fazer comigo. Agora eu penso:

que sem graça. Pra matar uma árvore, qualquer idiota

pode martelar pregos ao redor do tronco.
Logo, você não me conhece & um dia

serei ainda mais estranha, um dia posso apenas cair

de joelhos na igreja para dizer *Reverendo, meu Deus, quais
foram as outras escolhas de Eve* & creio que você não vai

estar lá como minha testemunha. Admito que acreditei

que eu poderia ser qualquer coisa & você não me disse então "Isso é verdade
pra algumas pessoas"? Quando eu tinha 7, um menino me deu um tapa

& *eu* fui punida por "incitar a violência".

Assim tudo começou: quando sangrei, achei que merecia aquilo.
Eu queria um navio de guerra de cores vivas; eu queria

uma dor com meu nome impresso bem ali nela.

Ter & prender — existe, afinal das contas, uma diferença.
Antes de alguém foder com ela, Eurídice era só uma mulher andando
sozinha

por um campo de cobras. Agora é tarde, é

tarde demais para nos deter—— você sabe disso——
preste atenção desta vez quando o sibilar de nossos nomes
se desenlaçar, chama branca contra a escuridão.

CLAVE

À noite o vento
sobre terras vazias

soa como água
chegando até mim

fora da escuridão —
atenuando o corte da lâmina,

congelando as tranças
de grãos congelados. Uma vez

eu conseguia cantar árias inteiras
sozinha pra um teatro lotado

como se minha própria voz
pudesse me devolver

a mim mesma. Acho
que eu escutava.

Acho que o brilho branco
da luz

é sempre desconcertante.
Quando o inverno diminui,

vejo minha mão
nela. Um punho de metal.

Passo os dedos
sobre pinheiro, teixo
agulha, casca sulcada.
Então sou amparada.

Então sei todas as palavras
para aquilo. Pertenço a

um sistema de fendimento.
Estes são os meus papéis.

Viu como eu era um sino
tocando a noite toda

através dos campos avariados?
Como falei só em código?

Sei o que fazer
com o escuro.

Por que você não olha
através do vidro.

Você pode testemunhar
minha voz ferrugenta, minha boca

de sal. Ajuntando
cada sílaba

como vidro do mar. Dó sustenido
é um sinal. Vou soletrar claramente tudo isso.

BRUTA FORÇA

Uma vez tentei de tudo. Foi o método da força bruta.
Pelo meu problema, fui expulsa da República
com os outros mentirosos. Eu era poderosa demais; intimidei Platão.

Em Indiana, caminhei por quarenta dias — permaneci gentil, lamentei
com pompa apropriada. Na estrada, eu não conseguia me aquecer.
Queimei sálvia & fiz lindos discursos de separação

a pessoas que terminaram comigo primeiro. Sim, estava ferida.
Descobri que havia alinhado minha vida entre dois homens maus.
Felizmente, um outdoor na I-65 anunciava O INFERNO É REAL.

Carly Simon dizia *Sim, pode ser que pense que esses poemas são sobre ele.*
Havia um medo de que eu contasse a história de uma forma que pudesse
expor desnecessariamente a alguém algo sobre ele.

Ninguém jamais garantiu nem deu a entender que o amor seria
recíproco: vamos deixar isso claro. Assinei um contrato
concordando que eu não responsabilizaria ninguém

por roubar minha juventude, por me compelir à meia-idade.
Receitas familiares exclusivas deveriam ser suspensas nas negociações.
Enquanto isso, fiz 30 anos. Enviei um texto que dizia

Por favor pare de colonizar todos os nossos amigos em comum com seu pau.
Ossadas de gado marcavam a trilha dos mortos. Por cinco anos estive febril.
Eu não conseguia explicar como havia empilhado a lenha no fogo.

ELEGIA COM SOLIDARIEDADE

Para a casa demolida. Pelo quintal arrancado. Pelas pombas de luto que não retornarão ao pântano, não desta vez. Pelas árvores plantadas no quintal quando os bebês nascem, por quão altas elas crescem — as árvores — mesmo depois de você ter morrido tão jovem. *Será que qualquer campo amado pode ser um cemitério* é o começo de uma carta que estou escrevendo. Carimbo postal sem data. Não tenho ânimo para abrir o correio. É difícil para nós entendermos o plano de Deus é a mensagem, mas cedo aprendi que a enchente era uma condenação. Uma praga merecida. Não haverá um discurso fúnebre para isso. Sem hinos cantados. Nenhuma sujeira inocente. Por todas as garotas trocadas que não conseguiram arrancar as lascas, cujas asas não se formaram. É um sistema — se a água quer nos afogar — é isto? Se eu disser que a culpa é da água? Atrás de mim na sujeira existem apenas úmidas impressões reconduzindo ao seu túmulo. Não quero reivindicar todas as minhas tentativas. No começo havia uma palavra para isso. Eu a carrego agora como uma migalha na minha boca.

CANÇÃO DA ALVORADA COM ATENÇÃO À COMPAIXÃO

I.

Bêbada de vinho, cara de presunto no edredom. Sentimentos sinalizam fala.

Eu deveria ter sido mais imparcial? Não deveria ter me pendurado na saída de calor vestindo apenas minhas meias — como então?

Pois ele sempre me chamava pelos dois nomes. Cozinhou pra mim quando eu não comeria.

Preparando a comida de Ação de Graças pra si em outubro. Santo padroeiro da vantagem.
Com seu cachorro que falava inglês, possivelmente outras línguas.

Arrastando um manto vermelho na cozinha como se esperasse a coroação.

Se eu amasse alguém assim. Uma figura de autoridade questionável decidindo quais relíquias preservar em um filme plástico.

Pelo jeito que ele cheirava a cedro. Pronunciou errado os nomes das plantas.

II.

Há um aeroporto & depois há O Aeroporto
De Onde Ele Me Ligou Em Nosso Segundo Aniversário
Para Dizer Que Ele Não Poderia Me Amar & Nunca Se Casaria Comigo.
Em algum portão há um avião especificamente culpado por ele ter estado ligado por 12 horas, sem contato.

Há outra mulher & depois há A Mulher
Pela Qual Eu Sabia Que Ele Me Deixaria, lá num hotel com ele —
lá para acalmá-lo, para acreditar, como fiz, na tristeza redentora.

Há arrependimento & então há tanta raiva de mim mesma
que dirigi a noite toda até encontrar a água & entrar nela, água do lago
de março

cinza & cortante. Patos-do-mato no raso, seus estranhos murmúrios
profundos.

III.

O que é esse impulso em mim de adorar & crucificar
        quem me abandona —

tentei enquadrar a cavalaria no cascalho,
        em retângulos, num código de honra

de apagar o fogo. Tenho prestando atenção. Olhe.
        Há uma taxa de câmbio

por mau comportamento. Começa com a palavra *até*.
        Concordei em confirmar pequenas gentilezas

até o desastre. Um risco que eu poderia manter agora & pagar por ele
talvez.
        Um contrato que gera responsabilidade gera

culpa. Tive que dizer a cada estágio *Dou permissão para ser ferida*. Até.
        Uma vez ele concordou em passar a noite comigo

& pela manhã uma batidinha no vidro estilhaçou
        seu parabrisa. O frio o destruiu completamente.

Ninguém é culpado de este mundo ser cheio de presságios.
        Ao que tudo indica, a história é uma prática

de ignorar as coisas & esperar pelo melhor. Você pode ficar
        maluco de olhar. Você pode esperar

que a má sorte assinale você como desenganado, enganado.
        E a luz assinale você com luz.

IV.

Sei que neste sistema não sou inocente.

        Eu costumava prometer a mim mesma

que quando nós terminássemos eu diria a ele
        Eu te amo. Pensei nisso como um castigo.

Sonhei que o deixei me procurar na floresta.

        Fiquei quieta. Estava coberta de escamas ásperas

& dos meus cílios caiam rebarbas quando eu piscava.

        Na terra abaixo observei-o procurar por mim.

Ele disse *Já basta que eu queira ser diferente.*

        Sementes de bordo brotaram dos meus cabelos.

V.

Divorcio-me de ti, história
de olhá-lo no nevoeiro
chegando sobre a Escócia.

Divorcio-me de ti, Mar do Norte
ansiando por barco.

Divorcio-me de ti, insônia.
Divorcio-me de dirigir até ele
cinco horas sobre o gelo

& então começar uma briga.
Divorcio-me dele se apresentando

como meu amigo, nunca querendo estar
no telefone; divorcio-me de ti,
assadeira & HGTV, divorcio-me

de ficar quieta querendo que ele
fale. Música para dizer coisas

que eu queria ignorar.
Angústia — divorcio-me de ti.
Divorcio-me de ti, divorcio-me de todo o coração:

da asa de um abutre,
fiz uma harpa pra você.

FIGURA DE MULHER SAINDO
DE UMA PAREDE

& então é assim, tendo matado o dragão
    Inverno, venho caminhar sobre
o assoalho de espinha de peixe & as úmidas
    escadas duma casa de repouso
corredor afora. Por um mês todo dia eu
    disse as palavras *Ele me deixou*.
Num casamento em que eu era feliz pelo casal,
    me recusei a fazer o brinde.

    Peguei o cartão de visita dele na mesa & me disse que não era
    roubo — que esse nome que eu amava me pertencia. Pelo menos.
    Pela janela da casa de repouso, vejo a calha pingando. Fico maior
do que a envergadura duma garça sugerindo
    que sou uma flecha. Que indico.

    Minha avó, minha homônima, nem sempre
    se lembra do nosso nome.
Você sabe dizer quantos anos você tem? Pergunto & ela diz *Sim. Dezembro.*
    O que ela lembra tão claro quanto ontem é 1931,
de pé na varanda dos fundos da casa em
    Roscoe com seus cinco irmãos

    vendo o pai incendiar a garagem pelo dinheiro do seguro.
Estou aprendendo a falar com ela como se ela
    pudesse ter qualquer idade.
    Ela acha que é aniversário da minha tia, que comemos *gołumpki*
& colocou a faca de bolo & estamos esperando
    meu avô, morto em 1987,

vasculhar os armários em busca dos belos pratos florais.
Um velho na cadeira de rodas se desloca usando
    os pés ao longo do corredor
    de sobrenomes poloneses & ele me diz *Qual é o seu nome, garotinha*
& eu empurro a porta pra sair pro quintal.

    As coisas deveriam estar bem agora, porque março
derreteu cinco nevascas em inundações, foi impiedoso com o frio.
    Granizo bruto cai, a chuva eleva estanho azul em minhas veias
mas fico ao lado de uma bétula determinada a falar —

    pratiquei a língua do relógio. Os anos vão se apagando. É
assim que o tempo passa: minha avó cai, inverno. Ele não volta

    para mim, inverno. O que os colonos esperavam
quando remaram à noite numa rota até este rio sombrio inundado —

    será, amigos, que isso foi o mesmo engano?
    De novo & de novo tal lei
de recomeço: primavera afinal. Então primavera.
    Conheço essa história.
    Tenho erguido meus braços & não consigo me lembrar por quê.
Há uma estrela de parquet no chão. A lua está perdendo sangue.

    Quando seguro o crânio de um abutre
    perto do rosto, me lembro de
como fui quase noiva no não-altar, como ela
    coseu uma colcha de enxoval azul
    & um vestido, como pratiquei apoiar meu rosto no dele, certo —
porque pensei que dizer *Sim* primeiro era a questão.

ELEGIA COM COELHOS

Preciso lembrar como ser um corpo, mais que um contorno de giz preenchido com aparas de cedro, dúvida. Não estou enterrada com você no solo de inverno. Observo a linha de vida na palma da minha mão esquerda, como se abre, como se bifurca. A cadência do meu corpo caminhando para a frente poderia ser *Provar Provar Provar*. Lembro-me de todo o molde em retrospectiva. Frágil como sou, sinto-me dividida pela sombra de um moinho de vento girando sobre um milharal. Para levantar-me e deixar para trás uma vida. Imagine como o fósforo acende, como uma pilha de lixo dos melros é consumida em papel & cinzas, cinzas de papel. Explicando: não posso explicar. Sou paranóica sobre quanta dor uma árvore consegue testemunhar. Que esses bosques envelhecem & nunca quebram seu silêncio parece insensível. Quando olho para trás vejo minha pele tornando-se cinza & vermelho enquanto cava um túnel atrás de mim. Não quero que ninguém a corte do meu calcanhar. Coelhos na estrada do lago permanecem parados enquanto me aproximo. Predadora que nunca fui. Não sei o que fazer com as mãos. Mas viajo com uma incorreção que qualquer animal pode prever. Se eu assustar esses coelhos poderia parar seus corações — eles poderiam morrer desse choque. Ou eu posso desaparece no momento em que pararem de olhar. Ainda estou respirando. Espero por eles para piscar.

[EURÍDICE]

Eurídice a árvore tem mil cigarras eu as ouço construindo sua cidade
    de vidro úmido
sibilando à noite quando a árvore se move como cabelo quando
    milhares de seus corpos
pulsam no úmido e penumbroso ar róseo na luz da rua quando as
    primeiras gotas caem
& a linha de chuva segue como um muro de aves, muros de todo o
    céu pesado de aves.

Chega um ponto em que você tem que responsabilizar o homem pelo
    que ele fez.
Decidi que é degradante dizer *Eu o deixei*. Digo meu nome no porão
    aberto
cobrindo meus olhos. Vou me tirar disso. Uma árvore cai na minha
    porta mas eu não
toco nela. Nunca me convenci de que a carapaça desses insetos é só
    uma carapaça.

Depois de nove dias de chuva não ando sozinha no campo não atendo
    o telefone quando
ele me chama. Como vou me conhecer? Infernal — sombra? Ele diz
    Eu amo só você
& toda vez que uma mulher que conheço some no longo corredor
    dum bar com ele não digo a ela *Não confia em mim já que se o cara*
    pudesse ser amado eu teria feito isso?

Saia para a nova terra molhada retire as folhas para longe de sua pele
    Eurídice.
Hera na tília. Rio de lixo pálido rolando pela colina de Asher.
    Enchente de sarjeta.
Eu aqui no quintal pisado pelo granizo. Paisagem luminosa — nossos
    destroços salpicados. Está acabando Eurídice. Fico no meu
    casaco. Somos quase uma completa sombra agora de longe.

AGRADECIMENTOS

Agradeço aos editores das seguintes revistas em que alguns desses poemas apareceram pela primeira vez, às vezes em versões alternativas:

The Adroit Journal, "Canção da Alvorada com Atenção à Compaixão"
Bennington Review, "Elegia com Sintomas"
Blackbird, "Figura de Mulher Saindo de uma Parede" & "É Impossível Impedir as Mariposas Brancas"
Black Warrior Review, "Autorretrato com Falcão & Armada"
BOAAT *Journal*, "[Não Era Sobre Amor]"
Colorado Review, "[Eurídice]"
Copper Nickel, "Querida Emily"
Crab Orchard Review, "O Bruto / Bruto Coração"
Crazyhorse, "Força Bruta" & "[Notável a Ninhada de Pássaros]"
Devil's Lake, "Canção da Alvorada com Limites" e "Elegia com Fumaça Preta"
FIELD, "Santas Garotas"
Gulf Coast, "Minha História Como"
The Journal, "Em Março, Quando me Diz que Você Não" & "Interpretei a Lua Inteira"
jubilat, "Querida Katie"
Linebreak, "Regras para um Corpo Saindo da Água"
Mid-American Review, "Grata Quando Sou um Machado"
Ninth Letter, "Elegia sem uma Única Árvore que Eu Possa Salvar" & "Elegia com Coelhos"

PANK, "Clave" & "Elegia para R"

The Pinch, "Quatro Falcões", reimpresso em *American Poets & Best New Poets 2015*

Pleiades, "Como Consertar a Rosca da Torneira que Pinga"

Prairie Schooner, "Carta a S, Hospital"

Quarterly West, "Elegia com um Rio Marrom-Merda Correndo por Ela" & "Março É Março"

Redivider, "Força Bruta"

The Rumpus, "Não, Não Quero me Conectar a Você no LinkedIn"

Salt Hill, "Filadélfia"

Southern Indiana Review, "Querida Ruth", reimpresso em *American Poets*

Third Coast, "Elegia com Solidariedade"

Vinyl, "Elegia com Penas" & "Indiciamento"

Também sou eternamente grata a Joy Harjo por acreditar neste livro e selecioná-lo como vencedor do Prêmio Walt Whitman. Obrigada a Jen Benka & à Academia dos Poetas Americanos, à Fundação Civitella Ranieri e à equipe editorial da Graywolf, especialmente Jeff Shotts, Katie Dublinski & Susannah Sharpless, por sua visão, apoio e experiência.

Agradeço à minha família — por seu amor & fé em mim, mesmo quando eu não tinha fé em mim mesma: Mark & Kim Skaja, Melissa & Dave Koprek, Josh Skaja & Kimberly Giannini Skaja, Erin Cramer, Ellis & Hudson Skaja, Anne & Edward Skaja, Wilma & Deane Colburn, meus parentes muito solidários & à família Wicker.

Obrigada especialmente a Marcus, querido & tão iluminado coração, pela vida feliz que estamos construindo.

Obrigada às mulheres brilhantes e extraordinárias que viveram os acontecimentos deste livro comigo & me amaram & me apoiaram durante o longo processo de escrevê-lo: obrigada a Katie Schmid & Stevi Williams Purdom, a Julie Henson, Bethany Leach, Natalie Lund, Katie McClendon & Rebecca McKanna & a Caitlin Doyle, Sarah Rose Nordgren & Corey Van Landingham.

A Don Platt, meu orientador de tese do MFA, que vislumbrou o potencial deste livro muito antes de mim & cujo entusiasmo e análise cuidadosa me inspiraram a me superar: agradeço imensamente por sua bondade, sua perspicácia e sua generosidade. Sem você, este livro não existiria. Obrigada a Marianne Boruch por me ensinar a rir de mim mesma em um poema & pelo "P.S.: Não se esqueça da maionese".

Agradeço aos incríveis mentores & professores que tive ao longo dos anos: Scott Iddings, Dennis Brown, Stephen Frech, Carmella Braniger, Mary Leader, Wendy Flory, John Drury, Lisa Hogeland, Beth Ash & Rebecca Lindenberg — vocês me desafiaram & me fizeram ver o mundo de forma diferente; me tornaram mais pensativa, mais ousada, mais apaixonada e mais disciplinada. Obrigada.

Agradeço também às seguintes pessoas e instituições pelo apoio & incentivo: o programa MFA da Purdue University, Kelli Russell Agodon & Annette Spaulding-Convy da Two Sylvias Press, Carl Phillips, Roxane Gay, a Association of Writers & Writing Programs, *Southern Indiana Review*, Centro de Pesquisa da University of Cincinnati & Programa de Estudos de Mulheres, Gênero e Sexualidade da Universidade de Cincinnati.

EMILY SKAJA nasceu e foi criada na zona rural dos Estados Unidos. Possui um MFA pela Purdue University e um PhD pela University of Cincinnati, onde também obteve um certificado em Estudos de Mulheres, Gênero e Sexualidade. Seus poemas apareceram na *Best New Poets, Blackbird, Crazyhorse*, FIELD e *Gulf Coast*, entre outras revistas. Foi vencedora do Prêmio de Poesia da *Gulf Coast*, do AWP Intro Journals Award e do Prêmio da Academia dos Poetas Americanos. Também é Editora Associada de Poesia da *Southern Indiana Review*. *Feroz: Poemas para Corações Dilacerados* é vencedor do Prêmio Walt Whitman da Academia dos Poetas Americanos.

DARKLOVE.

"Eu não sabia que virar pelo avesso
era uma experiência mortal."
— ANA CRISTINA CÉSAR —

DARKSIDEBOOKS.COM